나를 **찾기** 위한 기도

김명희 시집

두손푸름시인선 57

나를 찾기 위한 기도

김명희 시집

도서출판 두손컴

나를 찾기 위한 기도

·

2013

책머리에

산다는 것은 어쩌면 새로운 역사를 기록하며 하루하루를 사는 것일 게다.

작은 발자취 하나라도 남기려 거울 보듯 나를 뒤돌아보는 기회를 가졌다.

시집을 상재하고 보니 어떤 두려움과 아쉬움도 함께 가진다.

인생은 언제나 새로이 발효하는 것이라 생각한다. 더욱 높은 문학적 깊이를 가질 때가 올 것이라 스스로 위안해 본다.

2013년 가을

김 명 희

차례

제2부 나를 찾기 위한 기도

제3부 처음과 마지막

제4부 깊이 들여다보기

제5부 양지와 음지

1

자신을 투영해 보며
나를 세운다
가로로 세로로 혹은 모서리로
현재의 나는 그의 안에서
아무 역할도 하지 못한다
누군가 지나간 자리 이후

거울 앞에서

아침 전화

아침마다 나는 그녀와
초록의 문자를 주고받는다
어쩌면 신선하고 달콤한
모든 것의 빛나는 하모니처럼

건강한 웃음과
생활을 꼭꼭 여민 말씀들
나누다보면
서로의 길을 만난다

오늘도 지친 생활을 일으켜 세우며
그녀와 내가 나누는
신선한 아침 찾기
생경하고 투명한 언어들
지순한 나무들처럼 쑥쑥 자란다

새벽 대변항

돌아오네
새벽잠을 설친 바다와 함께
하늘에서 쏟아지는 은비늘떼

갈매기 너울대는
기장 죽정리의
여름 초입

야행성의 멸치를
집어등으로 수확한
만선의 배들
은빛 발광체를 부려놓고

해돋이 동쪽하늘을 경배하며
돌아오네

세월

떠나는 것은 아름답다

하류로 저어가는 강이나
하늘나라에서 내리는 눈이나
기약을 주고 떠나는 마음 모두
아름다움의 극치미다

하지만 홀로 남는 것은 외롭다

하염없는 기다림이나
한계를 극복해야 할 세월이나
이승에서 이루지 못한 꿈같은 것

오늘 비오는 창밖을 서성이며
떠나는 것과 만나는 것들이
우두커니 빗속에 어울려 있다
아직도 정리되지 않은 세월의 우수처럼

텃밭

해광사寺 마루턱
양지 바른 곳
작은 텃밭 하나 정성껏 가꾸니

상추 고추 부추
보란 듯이 쑥쑥 자라네

손주 보살피듯 어르고 달래며
알맞게 잡초 뽑고 두엄 주니
날마다 더하는 남새들의 재롱에

나이도 잊고
동트기가 무섭게
텃밭으로 달려가는
팔순의 주름진 울아버지
어느덧 건강지킴이가 되었네

꽃구경

봄을 배경으로
적당한 간격으로 서있는
몇 그루의 벚꽃나무들
방글 웃음으로 자지러지는
사월 꽃보라

세상은 단조롭고
시국은 시끄러운데
그래도 꽃구경 나온 사람들이
서로의 살아가는 이야기로
온정을 나누는 곳

바라보는 얼굴마다
벚꽃을 닮아있는 수영천변
나무들 숲들
물소리 깊은 이야기로 어울리는
사월 꽃보라

개나리

아직도 엄동
집둘레나 길가에
아무렇게나 앉아

서로의 속살 깊이
물방울처럼 엉겨붙어
노오랑 꽃부리로
손 흔드는 저 미소

한 이별처럼 떠난
여학교의 동창들처럼
해맑은 모습으로
온 천지에 가득한
노랑 무늬 무늬들

나무와 숲

나무들의 바람
무시로 숲을 일으켜 세우는구나
숲들은 아침을 이야기하며
나무들 잎을 나누는 쪽으로
고요로 눕고

푸른 이야기 한 아름으로
공중높이 무리로 서는
숲과 나무들의 이름 더욱 생경한데
신록의 계절 저만큼서
나부끼는
파아란 숲들의 아침
초록의 하늘보기

거울 앞에서

자신을 투영해 보며
나를 세운다
가로로 세로로 혹은 모서리로
현재의 나는 그의 안에서
아무 역할도 하지 못한다

누군가 지나간 자리 이후
우울을 가장한 그의 앞에서
웃어본다
내숭을 떨어본다
주위를 의식한 나를
잠시 제자리에 갖다 두며
모른 척 해본다

나일 수도 있고
나 아닐 수도 있는 내가
정색으로 바라보면
현재의 나를 탈바꿈시킨
또 다른 내가 거기 있다

용궁사龍宮寺 부근

가을 단풍들 서로 어울려
온갖 치장과 매무새로
붉게 타는 해변로

서녘 기슭의 노을을 동무하며
낙엽 등허리에 앉은 구름무리
신성한 경이로 오는데
계곡을 앞질러가는 물소리들 사이로
유연한 몸짓의 산사 하나

가을 단풍에 불타고 있는
용궁사 부근

알프스

– 융프라우의 위용

얼음 풀린 그림 같은 하천의 지류와
테라스의 겨울 꽃들 아름다워라

빵 굽는 사람들의 순수한 미소처럼
빼어난 풍경을 닮아 있는
지구의 산소 알프스

그 아래 눈구름 얼마쯤 어울려
축복처럼 구름 속에 닿아있는
하늘님의 나라

오오,
꿈길에라도 다시 한번 가고픈
독하리만큼
지독히 빠지고 싶은 그곳

중환자실

이승과 저승 사이—

내일의 삶을 기약할 수 없는
짧은 시각

통곡과 오열로 면회하는
피붙이와 살붙이들
촌각을 다투는
자정 무렵의 삶의 경계

어디선가
억울한 시간들이
가슴앓이 하며 지난다

밤바다

바다는 잠들지 않는다
황량한 바람소리 더욱 스산한데
하늘 낮게 내려와
더욱 낮은 우울로 산그늘 지우며
별빛 달무리 함께 유영하는 밤

파도소리 무시로
요령 없이 헤매는데
정지된 침묵 사이로
포구에 닿아있는 어선들의 적요

이 시각
긴장을 놓은 심심한 항구의 등댓불은
단정한 어귀마다 불을 놓으며
은하수와 더불어
대양을 헤엄치는 꿈을 꾼다

후유증

눈썹달이 돌아오듯
현재는 언젠가 되돌아오는 것
너무 이기려 하지 말자
어쩌면 긍정적으로 시작한 것도
더욱 큰 화근으로 돌아오는 것

우리가 알게 모르게
뉘우치는 건망증
행복으로 마무리되는 모든 것도
깊이를 헤아리지 못해
먼 훗날 후회로 돌아오는 것

언제나
말귀 고요하게 알아듣고
겸손하게 더불어 살기다

그림자

항상 자기 밖에서
새로운 사물들을
들여다보듯

보이지 않는
실체를 감추고

세상 밝은 쪽으로
길을 내며
오늘도 자신의
이름을 잊는
수심 깊은 고뇌

안과 밖을 지키는
그의 충혈된 눈
오늘도 그를 지키고 있다

어머니의 항아리

어머니의 마음과 정성을
가득 채운 곳간
늘 그 안에
어머니의 인생이 무르익고 있었다

맛의 향기와
살림살이며
삶의 풍요같은
세월을 기리는 여유가
가족들의 무한 신뢰와 함께 있었다

오늘도
아파트 베란다에 놓인
조촐한 항아리 앞에
시집살이 반백년의
어머니가 고요로 지켜보고 계시다

창밖 풍경

사람들의 긴 행렬이
직선으로
혹은 곡선으로 느릿하게 움직이고 있다

오늘 하루를
인연을 위해 낯선 곳에서
자기를 위한
하루를 약속한 그 순간
어쩌면 몇 시간의 노예처럼
움직이는 저 긴 행렬의 침묵

태양이 조급한 사람들 사이로
낯선 그림자로 기웃거린다
단절된 세상의 벽을 허물며
빛과 그림자로
어서 홀로 서라한다

2

순간 꽃길 난 쪽으로
처음의 내가 다소곳이 걸어오는 것이 보였다
가장 겸손한 얼굴로 인사하며
새로운 하루해를 가리키며

나를 찾기 위한 기도

누렁 호박

동산의 작은 밭 둔덕
땅거미 지는 오후
유월 염천 땡볕에
손 탈세라 꼭꼭 숨겨둔
보물 하나

어제와 오늘도 챙겨보며
불안한 생각에 안절부절못하며
숨바꼭질하듯 잎 가려주고
혼자만이 갖는 즐거움의
금빛 호박둥이

오며 가며
눈빛으로 인사 나누며
뒤꼍의 물소리 동무삼아
한 자리 차지하고
서로의 즐거움이 된
오래된 왕호박 하나

그대에게

한 빗금씩 그림자로 오는
그대 시선을 의식하며
우리 시대의 우울을 만져 봅니다

나의 자화상은
오늘도 별빛 동무하며
나무들 푸른 잎으로 단정한
낭만으로 오는데

하나의 흔적으로
고요로 닿고 싶어
먼 여정의 뒤안길을 서성이며
오늘도 부활의 몸짓으로
먼 곳의 그대에게
휑한 발걸음을 놓아 봅니다

부지런히 새들 몸 옮기는
서녘 노을 쪽으로

아름다운 화음

눈부신 하늘
꽃들의 수다가
무지개처럼 피는 오후

한 무리로 흘러가는
양떼구름들
산모롱이를 돌아가면

냇가 버들은
일제히 바람을 타고
숲속으로 일렁이고
작은 새들의 낭랑한 울음들
하늘로 하늘로 메아리치면
여울물 서로를 껴안고
풍경으로 함께 어울리는 곳

종이배를 띄우는 하오의 아이들
웃음소리 자지러지는
눈부신 오월

그리움

세상에
무심히 잊혀 가는 것이
어디 한둘이랴

나를 슬프게 하고 기쁘게 하는 것
혹은 가슴 민망하게 하는 것
어느 날 황망히 떠나버린
그리움 같은 인연들
쉽게 잊혀지리라

오늘도 나를 지극히 섬기며
종일 가슴앓이 하던 상처 하나
허무로 남는구나

역류하는 세월 속에
우리가 간직하고 버려야 할 것을
잘 가려 의연하게 살기다
신神의 말씀처럼
생성과 소멸 사이
너와 내가 있듯이

시장길에서

– 구포시장

강 냄새와
바다 냄새가 질펀하게
자리를 펴고 있는 난전에
파아란 들녘의 맑은 공기 한 아름
먼저 와 있는 산골의 냄새를 밀어내며
저녁거리를 마중하는
아낙네들을 붙잡고
수작이 한창이다

오늘은
무엇을 바라보며 친구하며
한 끼의 보람으로 생기를 돋울까
이곳 저곳 기웃대며
한 바구니 가득 채운 잡동사니들
어서 집에 가자며
먼저 발걸음을 옮기고 있는
구포시장 24번가

나를 찾기 위한 기도

나를 잃어버렸다—

나를 수소문하며
헝클어진 마음 달래며
발길 닿는 모든 거리를 헤맨다
사람 찾는 이름들을 헤아리며
큰소리로 아무개 이름을 부르며
안타까운 심정으로
종일 나를 찾기 위해서 걷고 또 걷는다

순간 꽃길 난 쪽으로
처음의 내가 다소곳이 걸어오는 것이 보였다
가장 겸손한 얼굴로 인사하며
새로운 하루해를 가리키며
지금까지의 모든 난감한 일들을 잊고
앞으로 나를 위하는 것처럼
다른 사람들도 더욱 섬기겠다며…

오늘 잃어버린 나를 수소문하며
다시 찾다

인간세상

좋지 않은 일 어서 잊고
좋은 날만 생각한다지만

원수를 자신보다
더욱 사랑하라 하지만

높은 곳보다
낮은 데로 보며 살라지만

우리 사는 세상
어디 그리 만만합니까

등짝에 해 지고 걷는 나그네처럼
오늘도 홀로 서려 애써 봅니다

집념

— 궁리가 궁리를 깨닫다

“올해는 보람 있는 일 하나
꼭 이루어 보십시오”라는
신문의 광고 문구를 되뇌이며
문예창작교실에
수강신청을 하던 날

쉰에 천명天命 알았다는
지명의 나이에
난전에 늘어놓은 말들을 채집하며
이순의 나이를
돋보기로 미리 들여다보며

오늘도
마음대로 뜻대로의 내가
아직도 희망의 실체로
나의 의지를 껴안고 있다

홀인원

멀리서 보면
지구를 닮았다
가까이서 보면 꼭짓점의 정상
높낮이가 달라도
세로로 깊이 선 우듬지
잔디 푸른 숲과 나무들의 오만이
여름을 거들고 있는 한낮
'미소회' 회원들
모두 낯익은 ○○골프장
오늘은 해저 깊이 들어가
한 타를 잃고
벙커로 또 한 타를 잃고
식상한 기분의 시각
마지막 샷 하나가
곡선으로 근처를 맴돌다
나의 꿈처럼
홀인원으로 빨려들다

오로라

온 하늘을 점령한 빛의 환희
오묘한 조화로 이룬 전율
공중을 나는
저— 극치미의 낭만 같은

신비의 마법으로 생성된 하늘길
저리도 아름다운 극광
온 누리가 하늘나라의
광장이 되었네

기둥

하나의 일체를 위해
전부를 짐지고 있는
인연 하나

외로울수록
더욱 강건해지는
의무처럼

신앙 같은
굳센 의지로
오늘도 하루를 일으키다

자존심

시간과 생각들이 헤어져
저물어가는 세월의 나이테 저편
한해의 운수를 미리 본다

거울 안의 모든 것처럼
이를테면 무료한 세상 꿈꾸기
모든 것은 허상으로 서는데

가령 잔주름 가득한
먼 훗날
나의 자존심은 어떤 모습으로 기억될까

오늘도 또 다른 내가
완벽한 하루의 일정표를 위해
등 뒤의 거울처럼
나를 앞세우며 걷는다

길과 길 사이

걷고 또 걸으며
먼 날의 그리움처럼
울고 또 웃어보네
산그늘 아슬하게 내린 길
사계의 꽃이 지나는 길목마다
바람 더욱 스산한데
가도 가도
끝이 없이 펼쳐진 신작로길
먼 길 걸어와 어깨동무하며
풍경으로 서는구나
길 잃은 나그네처럼
더욱 어수선한 지난날
한 아름 회상으로 오는 저녁답
오늘의 나를 있게 한 이정표
그 푯대 끝에
어느 먼 곳의 우화 하나가
튼실한 동화의 집을 짓고 있겠다

나무들의 노래

나무들은 끼리끼리 어울려서
노래를 부른다

키의 높낮이에 따라
부딪히며 어울리며
간간이 제 수족들을
서로 어루만지며

맑게 갠 날
비오는 날
폭풍우의 날에도
서로 다른 노래로
말귀 고요하게 속삭이며
때로는 알맞게
눈부신 이야기로 어울리는
저 거룩한 나무들의 숲

이별

그대 안개 자욱한 살얼음 딛고 가는 길
차마 한 생애의 고단함 내려놓지 못하고
이 시각 정신의 환유로 떠도는 구나
피붙이들 평생 못다한 효도로
이리도 가슴 저미는데
당신의 눈물 안에
생명은 오직 연장만 있을 뿐인데
처절한 몸부림으로
또 한 해의 낙엽들처럼
우리들의 가슴 안으로 멍에로 지는데
오늘도 24시의 가쁜 숨소리로
절벽처럼 지키는
당신의 한 생애
이리도 처절히
우리들 모두의 가슴을 허무는데

세 자매

언니 있고 동생 있어
행복한 사람아
아무런 허물없이 지낼 수 있고
깊은 이해와 아량으로
하루해가 즐거운
언니 동생 있어
복福 받은 여자야

오해하고 시샘하며 보낸
철부지 시절
언제 그랬다는 듯
한 마음 한 뜻의 세 자매
이런 언니 있고
그런 동생 있어
더없이 즐거운 님아

3

두터운 신뢰로 믿음을 준 사람에게
실망이 크게 덧날 때
표정을 낮추며
내색 않고 속앓이로 삭이다보면
오, 비로소 그 사람의 심장이 보인다

처음과 마지막

풍경소리

법문 몇 줄 외우며 오르는
산사의 일주문 앞
한 손 염주 잡고
부지런히
백팔 배 소원 기도하며 오르는 길
청아한 새소리 물소리는 앞서가는데…

깊은 소망 종일 기도하며
오늘도 행복 한 아름 안고
목탁소리 들으며 하산하는 길
내세의 업보 조금은 용서되었을까
산 그림자 먼저 길을 열고 있는
유월 초입

할미꽃

안동 하회마을 구경하는 집
양지바른 앞마당
솜털 가득한 할미꽃
남南으로 일렬로 늘어섰네

수줍은 새색시 인사하듯
매무새 단정히 고개 숙인 모습

오가는 사람에게 고루
구경 잘 했느냐며
다시 한번 오시라고
종일 허리 굽혀 인사하느라
더욱 휜 허리
가슴 아프네

청춘

날마다
창밖 파아란 하늘
바라보기로
삶의 희열을 배우며
저 멀리 지평선 끌어당겨
내 안의 꿈 하나
더욱 담금질하니
어느덧
펄펄 끓는 용광로가 되었네

가을 마중

창 안으로 반짝이는
햇살 한가득한 날

휑한 가슴 채우고 싶어
낙엽 지는 노을의 곳에서
단풍들의 절정 보며
한 사흘쯤
어디론가 떠나고 싶은
내 안의 밀월

오랜 지기의 추억처럼
오늘도 꽃 지듯
나를 우울하게 하다

물새

저문 강가에
먼— 세월을 헤아리듯
물새 한 마리
노을 붉은 해 그림자로 앉아
강물에 비친 자기 얼굴 들여다보는
심심한 나루터

한 해를 전송하는 걸까
왼종일 사람들을 헤아리며
하루를 지킨
고동색으로 치장한
물새 한 마리
무한창공의
서녘 하늘을 날다

처음과 마지막

기대가 크면 실망도 배가 되듯이
나로 비롯된 모든 것은
그 원인이 구실이 되는 것

두터운 신뢰로 믿음을 준 사람에게
실망이 크게 덧날 때
표정을 낮추며
내색 않고 속앓이로 삭이다보면
오, 비로소 그 사람의 심장이 보인다

이후 그 누구도
결단코 믿지 않으리라 다짐하다
다시 이중적인 면모로
되풀이되는 변신으로
속앓이하는 인생살이

이게 진부한 삶인가
후회하다 보내는 하루해
어쩌면 오늘은 내가 좀 더 크게 보입니다

친정어머니

한 마음의 둘레로
무수한 세월 거느려도
무시로 생각나는
"잘해라 더욱 잘해야 한다"는 그 말씀

시집살이 하는 딸들 걱정에
한시도 마음 내려놓지 못하고
조바심으로 산 한세상

어느덧 산수에 접어들어
다섯 남매의 애환 거듭 챙기시며
아직도 근심 걱정 달래는 인고의 세월

늘 당신의 사랑 안에
아침해가 솟고
하루해가 저뭅니다

부부

두 손 꼬옥 잡고
한 걸음 한 걸음
나아가라 했습니다

세상 다하는 날까지
곡절 많은 한 세상도
함께 나누라 했습니다
언제나
인내하며 욕심 없이
둘이 손잡고
햇살처럼 살라 했습니다

이 세상
차례로 한 걸음 한 걸음 나아가는
우리의 진부한 한평생
서로의 삶은
꽃으로 피는 열락입니다

동사무소

저녁노을 등지고 눈물 그렁그렁
땅그림자 짙은 그늘을
시름으로 걸어갑니다

머리는 어질어질하고 정신은 더욱 휑한데
오늘따라 더욱 생소해 보이는 길
헤어진다는 것은 분명 아픔이요 통곡입니다
눈물자국 훔치며
이미 저승으로 간
당신의 등본 한통을 떼어 봅니다

늘 함께 동거하던 그 행간엔
이름 없는 당신의 서글픈 미소가
나를 마중합니다

오오,
크나큰 설움처럼
한 자취를 주고간
거룩한 당신의 손 흔드는 모습을 봅니다

주례에서 화명동까지

근 이십여 년 간 아버지가 가꾼
텃밭 가까이 함께한 아파트를 떠나
화명역 근처로 둥지를 튼 날
망원경 사이로
먼 데 낙동강의 줄기를 나누는
샛강들이 보이고
가끔 철새들이 비상하는 군무와
조경이 잘된 나무들의 아침을 맞이하며
어디선가 꽃잎을 일으키듯
여울물소리 깊어가는 신선한 하루를 보며
이제 영원히
가족사랑 함께 몸 담그고 싶은 이곳
화명동 근처
한 아름다움의 영원한 근원이네

시詩

가슴속 내밀한 언어들
차례로 열람하며
문장 가득히 나를 채우고
새벽으로 갑니다

아직도
뼛속 깊이 숨겨둔
언어들의 집
미로를 헤매이는데

내 삶의 무늬들
그대 창가에서
동터 오르는 여명과 함께
무지개 아름다운
선연한 그리움으로 태어납니다

당신을 보내며

용연사寺 가는 길
높은 잎새 바람에
한잎 두잎 낙엽이 내리고
어느덧 뜨거운 햇덩이 보낸
수다한 나무들의 풀숲에서
새들은 또 질펀한 눈물 젖은 얘기로
더욱 저물고
세월 지나
사계의 꽃은 언제나 피고 지겠지만
당신 위한 그리움에 혼절하며
이 하루
비명의 상처를 부여잡고
지난날 회상하며
한잎 두잎 낙엽 지는 용연사 길에서
눈물처럼 평시의 당신을 기립니다

호수 전경

늦가을 오후
지순한 나무들과 어울려
노오랑 은행잎들이
꽃비 되어 내리는
호숫길을 거닌다

서늘한 물꽃들 이웃하며
기억의 물레를 돌리며
저물고 싶은 날

물새들이 길을 낸 쪽으로
피안에 닿는 물소리들
노을과 함께 풍경으로 서다

글쎄요

뭔가 다르다구요
하늘에서 이미 내려다 준다고요
생각하는 자체가 다르다구요

글쎄요
지차는 많이 발뒤꿈치도
못 따라 간다구요

에이, 꼭이
그렇지만도 아닌 것 같은데요
요즘 세상에 어디—

꽃나무

너무 사랑스러워
물 한번 주고
잎 한번 쓰다듬어 주니
보란 듯
무럭무럭 생장하는 꽃순들

고맙다듯 인사하며
꽃과 잎은
시샘하듯 돋아나

어느덧
우리집 베란다
정글이 되었네

독감

지독한 고뿔에
목젖 따끔따끔
두통에 머리 어질어질

색깔 이쁜 알약 두알 삼키고
한나절 잠자고 나니
어느덧 씻은 듯 가뿐한 몸

콧노래 흥얼거리며
목청껏 소리 질러보는
상쾌한 이 하루

은혜로 나를 일으킨
두알 색상의 기적 같은 신비

4

피로 살로 이룩된 정성은
아주 사소한 소통이라도
화인처럼 남는다

어린 시절 배앓이 할 때
단박에 낫게 하던
어머니의 약손처럼

깊이 들여다보기

깊이 들여다보기

찰나를 지나는 순간은
오래 기억되지 않는다

아무리 심오한 순간이라도
인연과 관계를 벗어난
세상의 허구 많은 일들
그것은 영상의 필름처럼 곧 잊혀진다

그러나
피로 살로 이룩된 정성은
아주 사소한 소통이라도
화인처럼 남는다

어린 시절 배앓이 할 때
단박에 낫게 하던
어머니의 약손처럼

마음 하나

무엇이 부러운가
이 순간 모든 것이
이리도 충만으로 오는 것을

인식하리
고통과 시련
나를 우울하게 하던
모든 역겨움도 지우고

이 시간
살아간다는 마음 뿌듯함으로
온갖 수다를 떨며
욕심 버리면
이리도 마음 편한 것을

사랑하리
이 세상의 가장 작은 의미라도
결코 희망으로 발원하리라

낭만

황금빛 거리를 종일 거닐고 싶고
어쩌면
높푸른 하늘 기슭을
종일 헤엄치고 싶은 날

하지만
아직도 마음 설레고 두려운 건
나를 뒤돌아보는 것
하루의 시름을 지우며
어쩌면 나를 우뚝 서게 하는 것

내 자신을 귀 기울이며
음악에 취하며
깊어가는 이 가을의
낭만을 노래하며
단풍처럼 곱게 물들고 싶은 날

서낙동강

— 환상

아침 햇볕에 엉기는 도심의
유리창들의 형체와 모양이
강가에 어리우는
하늘과 맞닿은 서낙동강
저녁 어스름이면
낙조에 그늘지는
도심의 먼 빌딩 사이로
유랑하듯
가까이 온 물보라도
차양이 되는 아파트

밤이면 무시로 가로등 빛과 어울려
하루를 말없음표로 지우는
적요한 일상들
처음의 별 하나와 마주한
밀집한 아파트
환상처럼
오늘 그 길들 안으로
무럭무럭 자라는 내일이
꿈결로 오듯이

청량사 清凉寺

바람 향기따라 먼저 가는 마음
어느덧 노스님의 미소를 닮았습니다

풀잎에 살며시 내려앉은 은방울 물끝
어쩌면 산들바람 솔솔 부는 향기로운 날

의젓한 산중마을 지나
반짝이는 꽃들의 유혹 지나
법문소리 자기를 깨우치며

사랑은 눈으로
명상은 깊이로 함께 옵니다

청량사에 가면
지금도 삶의 희열이
현재진행형입니다

해맞이

깊은 계곡의 굽이굽이마다
바람 불어 소란스러운데
새해의 소망을 기도하려
산비알을 오르는 미명
징징대는 꼬마 녀석들은
아직도 보채는데
살을 에는 바람
더욱 기승을 부리는데

일제히 울리는 군중들의 환호 속에
화답이나 하듯
드디어 하늘을 건져올린 바다해가
육지를 향해
동그라미를 그린다

오, 우리들의 우주여
생명의 지존이여

수많은 인파들 사이로
지구를 닮은 해가
산비알마다 걸려있는
경주 토암산 부근

백도白桃

단맛 물맛 상큼한 맛이
여름나기로 안성맞춤인 백도白桃
삼복이면 과일 가게를 지나며
늘 눈맞춤으로
사랑으로 반기는 백도
투명한 둘레로 모이는 빛의 반사
유곡 깊은 곳의 한줄기 물빛처럼
청량한 매무새로
오늘도 관능처럼 나를 유혹하는
저 향기로운 서늘한 침묵

삶

삶이란 서로 이야기하다 보면
엇비슷해서 이내 친구가 됩니다

삶이란 나누다 보면
서로가 조금은 가벼워집니다

삶이란 길을 함께 찾다 보면
서로가 서로의 스승이 됩니다

내 안에 언제나
그림자처럼 깃든 삶
오늘도 초록의 꿈을 심어봅니다

어제와 오늘

커피 한잔을 마시며
어제의 황량한 일들을 생각한다
매듭짓지 못한
저문 가을 같은 쓸쓸한 일들을

절정의 낙엽들
창밖 풍경들이
나를 일으켜 세우는데
커피는 차츰 비워져 가도
공허한 가슴은
이리도 저미는데

붉게 타는 저녁노을을 벗삼아
오늘 하루를
꿈길처럼 더듬어가면
허수아비처럼 서 있는
만화경 같은
어제와 오늘을 다시 만난다

희망 꿈꾸기

할 일 쌨고 쌨는데
촌음을 쪼개도 부족한 시간

막상 시작하려니
어느 것부터 먼저 해야 할지
가늠하기조차 힘들어

한심한 듯 시간의 둘레에서
차례를 기다리며
시간을 재촉하며

그래도 매일
창창한 한 줄기
빛으로 찾아가는
희망 꿈꾸기

밤 바닷가

어둠 속
물결소리 더욱 스산한데
사그락사그락 모래밭 거닐며
지나온 세월의 가시밭길
되돌아본다

더러는 서러움과 굴곡으로 지난 날
아득하기만 한데

입춘지난 밤바다
달빛 은하수무리 동무하며
들물 날물에 마음 담그며
중년의 수다가 함께 헤엄치는
경포대의 밤 바닷가

부부 1

어느 때 어느 곳에서이든지
서로가 서로에게 가장 편안함이
부부가 갖는 제일의 믿음이요 신뢰입니다

때로는 삶과 생활이
힘겹고 고통하고 시련일 때도
서로가 참 위안으로 용기를 주는 것이
더욱 큰 사랑입니다

더러는 실수하고 오해로 비롯된 모든 것도
서로가 서로에게 많이 용서하는 것이
진정한 부부의 덕목입니다

나그네

오늘도
시월의 짙은 안개 속으로
추억처럼 걸어보네
더욱 깊어지는 명상으로
길 떠난 우수처럼
먼 데서 밤별이 돋고
나는 또
낙엽 분분한 날의 기억으로
빈 의자처럼 적요한데
아무도 없는 이 거리
무수히 눈뜨는
가로등이 더욱 을씨년스러운데
은하수 건너간 밤하늘처럼
시절은
더욱 투명한 그리움으로
한 균열이 오듯 쓸쓸한데

새벽길

이른 아침 안개 속으로
나의 애마와 함께 나서는 길
청량한 바람결에
귀 기울이며 듣는 노래
탐스러운 장미들의 행렬
찬란한 눈부심만큼
사랑하고 싶은 날

창 열면
바람 불어 유유히 떠나듯
애마는 거침없이 달리고
길가엔 향기 가득한 꽃들의 아양
늘 푸른 하늘에
목청껏 불러보는 유행가 한 소절
눈부시게 아름답고 매혹적인
양귀비꽃이고 싶은 날

가끔은

소싯적 친구들 그리워
꿈결에 만나
오래된 노을처럼
함께 떠나고 싶은 날
오늘도 등불 켜는
새벽잠으로
더욱 새록새록한데

더러는 옛동네 소식 풍문으로 들으며
가랑비 속으로 함께 거닐고 싶은
영상으로 오는 소싯적 그리움

오늘은
어둠을 벗은 말간 하늘을 보며
그 시절의 푸르름으로
어깨 나란히 한 나무들처럼
추억에 잠긴다

흔적

저문 창가에
요요한 달빛 가만히 스며들면

어쩔거나
불꽃처럼 두근대는 심장으로
어디론가 홀연히 떠나고 싶은 밤

새소리
깊은 가지에 칭얼대는 적요 속으로
밤은 가만히 밀물져 오는데

나를 가만히 당기는
물음표 곁으로
달빛 푸른 밤이 새벽으로 가고 있다
한 비애처럼

5

서로의 하나요
하나가 서로인 것을
언제나 위기처럼 늘 함께 하기다

종이의 앞뒷면처럼

양지와 음지

화장을 하며

초록은 초록끼리 어울려
미리 봄을 보다
멋적은 회색의 겨울이 얼굴을 감추자
볼웃음같이 피는 분홍빛 시야를
그윽히 들여다보는
요염한 색들의 잔치

미리 외출을 예고한
물빛 색상이 맑음으로 치장하면
어디서나 구색을 맞추는 보라의
은은한 깊이처럼
자색 깊은 우수의 눈동자
헤아릴 수 없는 속내로
오늘의 나를 미리 읽다

운동

모두가 돌아간 텅빈 운동장
양팔 신나게 흔들어가며
손짓 발짓 장단 맞추니
온몸 묵은 체증 한꺼번에 가시는
이 경쾌한 자유로움

온갖 풀벌레 소리 들으며
빈 의자에 앉아
둥근 달 쳐다보니

시간을 외면하며
지난 추억들 생각나네

소싯적
방아 찧는 토끼들의 안부가 그리워
계수나무를 신나게 찾아가는
소싯적 그리움들
오늘 달그림자 안에서
나를 보네

비

창 너머로 바라보이는
먼 산이 말없이 비에 젖고 있다
어느덧 새들 서녘 둥지로 멀어지고
잊혀진 지난날들
불러 세우며
촉촉히 대지를 적시는 빗소리 소리

어제의 햇살 창으로 끌어와
거실 한가득 채우고
사라지는 추억의 불씨를 지피며
차 한잔의 의미로
나를 들여다보고 싶은 날

어제의 햇살과
오늘의 비가
가만히 나를 동무하고 있는 거실
오늘은 한 우울처럼
추억이 한꺼번에
빗소리 곁에 모여 있다

동행

일란성 자매로 함께 하며
한결같이 나뉘어온 몫

시간 지나고
세월 지나
세상 다하는 날까지
인생의 길목마다
천리향 가득한 향기처럼

지금도 십대의 풋풋함과
이십대의 미완성으로
찾아가는 희망 인생길

쌍둥이란 이름으로
긴 생애 고운 무지갯빛으로
서로의 축복처럼
햇살 다정한 창가에
우리의 이름 모셔놓고

예순 일흔 그 이후로도
해맑은 정신으로
이 세상 다하는 날까지
함께 하는 길

아카시아

하늘 끝자락에 매달린
오, 순백의 꽃무리들
벌 나비의 군무
유월 꽃보라의 향기

종일 혹사당하는 눈동자 외면하며
까치발로 걸어가는
산그림자 함께 무르익는
청록의 유월 하오

가을 마중 1

아릿한 희망 하나 앞세우며
한정 없이 가고픈 날
저녁놀 인자하게 거느리며
내일 향한
그대 생시의 미소 생각하며
화안한 웃음으로
쓸쓸한 세상 그늘 지우고 싶은 날
오늘도
기억이 사라진 저쪽의
풀벌레 울음소리 들으며
길 나설 채비를 합니다

양지와 음지

양지와 음지는
서로의 현재이면서도
과거이기도 하다

긍정적이면서도 부정적인
지난날을 서로 추억하며
언제나 바뀌는 평행선

서로의 하나요
하나가 서로인 것을
언제나 위기처럼 늘 함께 하기다

종이의 앞뒷면처럼

길 찾기

몇 개의 가능성을 놓고
오늘도 방향 찾기를 한다

희망과 이상이
때로는 좌절과 고통이
하루를 형성하며 마무리하는 길

오늘도 내가 가야 할
스스로 헤매어야 할
누구도 결과를 예감하지 못하는 길

때로는 환희와 우울로
혹은 방황과 희망 꿈꾸기로
낯선 이녁처럼 생소한 길

오늘도 몇 개의 길을 헤아리며
소리들의 무늬처럼
하루를 경작하는 길

하늘과 어울린
무한의 지평선처럼

봄

햇살 더욱 눈부신 날
능선마다 무리로 오는
산야의 진달래 내음
꽃길 마중하는
여울물소리
새소리 따라
더욱 봉긋한 꽃망울
양지를 기웃거리는데

터질 듯 부푼 희망 언저리마다
소쩍새 울음 먼저 인사하고
산비알 넘는 뭉게구름 따라
더욱 눈부신 그리움으로 오는 날
어디선가 잎피리 소리
아지랑이로 부지런히
둑방을 건너는 소리 소리들

중년

세월은 흐르고
현재의 나는 여기 머물며
수채화 같은 지난날은
일찍 온 불빛처럼 저무는데
어디선가 물방울을 일으키듯
바람이 분다

문득 패기와 열정
부富와 명예 부질없다지만
이미 나를 돌아다보며
또 다른 나를 채근하는 하루
나이테 하나 더 그려진 탓 아닌가

인생의 화두 하나가
불볕더위처럼
종일 나를 붙들고 있다

꿈길에서

어젯밤이었던가
흐드러진 꽃길 속을 걸어가던 순간
별빛 눈부시도록 나를 밝히며
먼 듯 가까운 듯
보일 듯 말 듯
환한 미소로 반겨주던 시각
언뜻 암청색 하늘이 보이고
흐릿한 만남 뒤의 이별처럼
옷깃을 여미게 하던 그리움 같은 거
내 안에서 눈물로 오던 비애
투명한 하늘처럼 개이던 시각
어젯밤이었던가

너로 인하여

너로 하여금 내 인생이 다시 열리다
먼 곳 가까운 곳에서
언제나 밝고 명랑한 한결같은 사랑으로
내 마음을 달려가게 한 너
하나의 일치로 화목한
우리의 이십여 성상
지금 어디쯤 왔을까
언제나 한마음 한뜻으로
인생의 교훈을 준 너
네가 있으므로
마음 편한 이 하루
그리움은 더욱 아늑한데
너로 인하여 내 인생 다시 열리는 지금
잎사귀 푸른 봄처럼
나무들 양지로 서다

모두랑

여학교시절
마음 맞아 모인 또래의 친구들

오래 오래
그 마음 함께 하자며

모두랑 애칭 붙여
함께 한 삼십여 년의 세월
잊지 못하네

어느덧
지난날 스스로 위안하며
눈자위 주름살 들여다보며
거울 안의
여학교 시절의 세라복을 다시 보네

어떤 연서

내 어릴 적 꿈은 선생님
그것도 국어선생님
제일 가까이 있는 당신이
참 부럽고 빛났습니다
당신이 준 시집 한 권
읽고 또 읽으며 애지중지 보낸 세월은
늘 감동이었습니다
그래, 시詩 나도 한번 써볼까
자극으로 시작한 창작은
늘 벼랑 끝의 아픔이었습니다
머리도 가슴도 공허로 헤매이는
습작의 세월은
언제나 주체할 수 없는 마음이었습니다
오늘도 절절한 은유를 위한
시 한편의 완성을 위해
기도하며 당신을 생각합니다

내게 꿈 하나를 이룩하게 해준
이계선 시인님 사랑합니다

상쾌한 하루

빨려들 것만 같은
파아란 하늘의 궁전

구름 타고
우주를 유영하는
나만의 공간

꽃이 잎을 틔우듯
목화 같은 구름떼
한아름 산정에 머물고
청아한 새들의 울음으로
행복을 그리는 날

간혹 햇살 기우는 쪽으로
오늘의 나를 지키며
내 안에서 종일
하늘 위 목마를 타다

지구, 어디선가

오늘도 지구 어디선가
한 사람이 죽어간단다

내가 전혀 모르는 한 사람
위안도 명복도 빌어줄 수 없는
그 먼 곳의 한 사람
무엇이 원인이고
무엇이 그를 죽게 했는지
일면식도 없는 한 사람
일초에도 몇 명씩 죽어간다는
지구 안의 사람들

알고 보면
우리 다 사람의 뿌리로 태어난
한 형제 자매 아닌가
오늘도 동강난 나이테로
늘 목례하며 살아도 부족한
지구, 어디선가

| 김명희 시집 해설 |

간결한 문체와 탄력적 표현미의 서정시편

시인 · 컬럼니스트 최 창 도

간결한 문체와 탄력적 표현미의 서정시편

– 김명희 시 세계를 조명하며

시인 · 컬럼니스트 최 창 도

서정시의 압권은 간결한 문체의 시어와 탄력적 표현미에 있다. 즉 시인에게 내재된 정서순화에서 오는 목적의식과 자신이 운용할 수 있는 감정과 감성이 적절한 조화를 이루어야만 다양한 계층의 독자들에게 공감과 이해의 폭을 넓히는 데 진정성 있는 시인의 평가가 이루어질 것이기 때문이다.

김명희 시인의 시집 『나를 찾기 위한 기도』는 서정성lyricism을 바탕으로 한 순수한 이미지와 진솔하고도 소박한 꾸밈없는 시어의 창출과 보편적인 정서sentiment 순화에 깊이를 두고 있다. 이런 의미에서 '우리의 일상 생활의 정서 생활과 시의 소재 사이엔 차이가 없다. 이러한 생활의 언어적 표현은 시의 기교를 사용하게끔 되어 있다. 이것만이 근본적인 차이일 뿐이다. – I.A. 리차아드'의 말을 인용해 볼 필요가 있겠다. 우선 김명희 시인의 시를 들여다보며 그의 시적 역량과 개성, 그리고 정서의 깊이를 분석해 보자.

아침마다 나는 그녀와
초록의 문자를 주고받는다
어쩌면 신선하고 달콤한
모든 것의 빛나는 하모니처럼

건강한 웃음과
생활을 꼭꼭 여민 말씀들
나누다보면
서로의 길을 만난다

오늘도 지친 생활을 일으켜 세우며
그녀와 내가 나누는
신선한 아침 찾기
생경하고 투명한 언어들
지순한 나무들처럼 쑥쑥 자란다

———「아침 전화」 전문

감각적인 시어와 명쾌한 선율을 접목시킨 시이다. 신선한 비유로 참신한 모티브motive도 함께 가지는 시로 건강한 시행들의 배열이 눈부시다. 지인에게 아침을 통해서 하루를 시작하는 일말의 과정을 희망적 견해로 수사하고 있는 이 시는, 각 연의 잘 다듬어진 묘사로 눈에 보듯 선연한 이미지 창출이 한몫 하고 있다.

특히 시어 중 1연의 '초록문자' 2연의 '건강한 웃음' 3연의 '생경하고 투명한 언어'들에서 보듯, 감각적인 언어들을 재련하는 솜씨와 신선한 상징성을 부여하는 데 촛점을 맞추고 있다. 요즈음 흔히 유행하는 동기와 목적의식을 상실한 모호성의 시들과는 달리 시의 난해성을 극복한 이 시는, 전연체가 마치 살아있는 생물을 보듯 생동감과 아침을 시작하는 경쾌한 리듬을 함께 지니고 있다.

어쩌면 음악적인 요소의 배경에 의미적 요소를 접목시킨 이 시가 가지는 전연체는 각 연마다 소재들을 운용하는 솜씨가 동일성과 동질성을 가지는 것으로 하나의 대단원의 역할을 하고 있어, 마치 한 폭의 수채화를 보듯 맑고 선연하다.

자신을 투영해 보며
나를 세운다
가로로 세로로 혹은 모서리로
현재의 나는 그의 안에서
아무 역할도 하지 못한다

누군가 지나간 자리 이후
우울을 가장한 그의 앞에서
웃어본다
내숭을 떨어본다
주위를 의식한 나를
잠시 제자리에 갖다 두며
모른 척 해본다

나일 수도 있고
나 아닐 수도 있는 내가
정색으로 바라보면
현재의 나를 탈바꿈시킨
또 다른 내가 거기 있다

――「거울 앞에서」 전문

거울은 양면성을 지닌다. 자신의 실체를 투영해 봐도 있는 그대로의 주체적인 것만 보일 뿐이다. 보이지 않는 자기 이면의 마음과 정신이 결코 양립되어 일체를 이루지 못하는 것이다. 이 모호성이 어쩌면 자기 내부의 생각들을 들여다보듯 암시성도 가지고 있어 늘 하나의 신비로 거울은 우리들의 중심에 서있는 것이다.

공감각적synesthetic인 이 시는 어떤 생활의 연계 선상에서 자신과 또다른 생각을 지니는 이면의 자신을 공평하게 거울 안에 투영해 보면서, 하나로 가는 일체의 완벽한 자화상을 구축해 보려는 현대인의 소망과 방황하는 삶을 조명하고 있는 가작이다. 자신의 세계 중심 안에서 하나의 공통분모를 찾으려는 시인의 거울 앞에서의 상황 전개를 밀도있게 은유한 이 시는 독백적 회화체의 시로 평가할 수 있겠다.

우리는 늘 자신이 가지는 현재와 다른사람과의 관계 설정이나 인연으로 함께하는 시간 외에 마음 안에 간직하는 또다른 나를 가지고 있다. 하여, 늘 자조와 방황, 그리고 내성의 자기를 유효적절히 조정하며 살아가기를 원한다. 우리가 실체적으로 타인이 아무리 가깝고 의기 투합한다 할지라도 결코 그를 전부 안다고 할 수는 없는 것이다.

정신적인 깊이는 곧 그 사람 고유의 그릇이기 때문이다. 거울이 마음과 표정을 감히 한꺼번에 어찌 알 수 있겠는가. 한뼘의 사람의 깊이를 들여다 볼 수 없듯이 말이다.

눈썹달이 돌아오듯
현재는 언젠가 되돌아오는 것
너무 이기려 하지 말자
긍정적으로 시작한 것도

더욱 큰 화근으로 돌아오는 것

우리가 알게 모르게
뉘우치는 건망증
행복으로 마무리되는 모든 것도
깊이를 헤아리지 못해
먼 훗날 후회로 돌아오는 것

언제나
말귀 고요하게 알아듣고
겸손하게 더불어 살기다

———「후유증」 전문

교훈적인 이 주지시는 평범한 시어들을 배열하여 우리에게 감흥과 감동을 주는 시이다. 어쩌면 살아가는 한 방향의 틀을 제시한 이 시는 우리가 알면서도 실현하지 못해 갖가지 오해와 병폐와 불신의 원인이 되는 것을 논리적인 비약으로 분석하고 있다.

전연체가 주는 진실성reality은 어떤 균형을 암시하고 있다. 즉, 자신의 입지와 상대를 인정하며 더불어 사는 한 공존을 의미한 시로, 행복과 불행은 어느 순간 극명하게 갈려 그 결과가 적나라하게 도출되지만, 후유증은 표식나지 않게 조금씩 우리들의 마음안에 내재되어 어쩌면 극복할 수 없는 한계와 처지에 이르게 되는 것이다. 그 원인과 편견을 실효성 있는 시어로 과장법이 없이 다룬 이 시가 가지는 의미를 우리는 깊이 한번 통찰해 볼 일이다.

주의깊게 바라보면 모든 생명체와 사물은 나름대로 눈眼을 가진다. 어쩌면 우리 가까이 있는 모든 것들은 시적 표제어로 언제든 활용이 가능하다는 것을 보여준 시인의 감성과 역량이 돋보이는 시이다. 3연 〈언제나/ 말귀 고요하게 알아듣고/ 겸손하게 더불어 살기다〉는 이 시가 가지는 화두를 절묘한 언어 순화로 시의 품격을 높이는 데 일조하고 있다.

동산의 작은 밭 둔덕
땅거미 지는 오후
유월 염천 땡볕에
손 탈세라 꼭꼭 숨겨둔
보물 하나

어제와 오늘도 챙겨보며
불안한 생각에 안절부절못하며
숨바꼭질하듯 잎 가려주고
혼자만이 갖는 즐거움의
금빛 호박둥이

오며 가며
눈빛으로 인사 나누며
뒤곁의 물소리 동무삼아
한 자리 차지하고
서로의 즐거움이 된
오래된 왕호박 하나

———「누렁 호박」 전문

3연 16행의 이 시는 우리가 흔히 신토불이에서 보듯 친근한 주제를 어떤 전원 풍경에다 향토적인 시를 대비시킨 서정성을 가미한 친근한 시이다. 회화적 요소로 전혀 과장법 없이 전연체에서 주는 정감 넘치는 시어 구사는 우리의 심성을 가늠한 비교적 쉽게 구사한 시어들의 선택에 있다.

그렇다. 어렵고 난해한 출처 불명의 단어들을 구사하는 시들은 결코 독자들에게 거부감만 줄 뿐이다. 다양한 각계각층의 폭넓은 독자들을 결코 의식하지 않을 수 없기 때문이다. 누구에게도 쉽게 이해 용해되는 감정과 감성, 심성이 바탕이 되지 않은 시가 어떻게 정서적인 공감을 얻을 수 있겠는가. 자연과 소시민적인 인간애를 대비시키며 먹거리를 떠난 어떤 풍요로움과 만족감을 주는 이 시는, 어쩌면 시인이 가지는 작은 즐거움, 즉, 아기호박 하나가 무럭무럭 자라고 익어가고 마침내는, 왕호박이 되는 비밀한 사연 하나를 들킬까봐 그것을 보며 즐기는 가슴 졸이는 장면들이, 절제된 시어의 표현으로 점층법 형식으로 완성되어 가는 탄력적 수사미가 눈부시다.

특히 3연의 〈오며 가며/ 눈빛으로 인사 나누며/ 뒤꼍의 물소리 동무삼아/ 한 자리 차지하고/ 서로의 즐거움이 된/ 오래된 왕호박 하나〉는 잘 제련된 시어들의 표출로 정감 넘치는 이미지image와 영상미까지 갖춘 시로 평가할 만하다. 그리고 '뒤꼍의 물소리 동무삼아' 는 참으로 시의적절한 절귀로 이 시의 격조를 높이는 데 결정적인 구실을 하고 있다.

나를 잃어버렸다—

나를 수소문하며
헝클어진 마음 달래며
발길 닿는 모든 거리를 헤맨다
사람 찾는 이름들을 헤아리며
큰소리로 아무개 이름을 부르며

안타까운 심정으로
종일 나를 찾기 위해서 걷고 또 걷는다

순간 꽃길 난 쪽으로
처음의 내가 다소곳이 걸어오는 것이 보였다
가장 겸손한 얼굴로 인사하며
새로운 하루해를 가리키며
지금까지의 모든 난감한 일들을 잊고
앞으로 나를 위하는 것처럼
다른 사람들도 더욱 섬기겠다며…

오늘 잃어버린 나를 수소문하여
다시 찾다

———「나를 찾기 위한 기도」 전문

각기 다른 생활과 목표와 이상을 갖고 우리가 살아가는 세상은 나름대로 너무 치밀하고 바쁘고 경황이 없어 나를 돌아볼 시간적인 여유도 갖기 어렵다. 계획과 과정과 정신이 일치되기 힘든 이 세상에서 우리가 찾는 '나'를 위한 존재론은 현재를 생활하면서도 시간에 쫓겨 타의에 의해 자신이 실종되는 그런 면모도 더러는 있을 것이다.

자신이 가지는 신념으로 목표지향적인 응집력을 가지는 한 세상은 결코 쉽지 않은 것이다. 이 시의 모티브motive는 나를 온전히 갈무리하며 나를 지키며 나의 존재를 위한 자기 찾기가 주제가 되고 있다. 독백체의 모놀로그monologue로 전연을 관념적이고도 개념적인 시어로 풀어가고 있는 비약도 돋보이거니와, 의미적 요소로 공감각적인 이미지를 표출한 이 시는 현대를 살아가는 우리 모두가 어쩌면 공감할 수 있는 표제를 시인은 무리없이 여과 순화하고 있다.

사실 이런 주지시는 너무 넓은 이미지화를 서두르다 모호성 ambiguity으로 주지를 상실하기 쉬우나, 시인은 시종일관 결연한 의지로 자기 찾기를 위한 순서를 차분히 유화하고 있다.

그리고 2연, 3연에서 현재의 자기와 허상의 자화상을 대비시킨 것은 이 시의 높이와 깊이를 더해 주는 것으로 압권이었다.

—궁리가 궁리를 깨닫다

"올해는 보람 있는 일 하나
꼭 이루어 보십시오"라는
신문의 광고 문구를 되뇌이며
문예창작교실에
수강신청을 하던 날

쉰에 천명天命 알았다는
지명의 나이에
난전에 늘어놓은 말들을 채집하며
이순의 나이를
돋보기로 미리 들여다보며

오늘도
마음대로 뜻대로의 내가
아직도 희망의 실체로
나의 의지를 껴안고 있다

———「집념」 전문

평범한 발상도 좋은 시로 자리매김할 수 있다는 본보기를 보여주는 시로, 자못 감상주의에 집착할 시를 뛰어난 변별력으로 현재의 자기를 압축하고 있는 시이다.

이순의 나이에 근접한 시인이 하나의 목적과 동기부여를 위해 자신을 전력투구하는 의미가 자못 아름답게 투영되고 있다. 1연의 '궁리가 궁리를 깨닫다'의 시어는 뛰어난 시행으로 이 시 전체의 맥락과 동질성을 지니는 시어로 전연을 지배하고 있는 요체가 되고 있다.

3연은 이 시의 절정을 이루는 시로, 시행 중 〈난전에 늘어놓은 말들을 채집하며/ 이순의 나이를/ 돋보기로 미리 들여다보며/〉의 시행은 가히 일품이다. 특히 '난전에 놓인 말들을 채집하며' 는 참으로 절귀이다.

이 세상 어디에고 필요한 시어들이 무수할 터인데 정작에 적절한 시어나 시행들을 찾아 소기의 목적한 시들을 완성하기란 참으로 요원하다는 의미를 은유metaphor로 유화한 것으로, 어쩌면 작은 풍자satire와 해학humor을 가미한 시로, 현재의 나이와 늦깎이 문학의 한 수준을 위하여 정진하는 시인의 접근성이 빼어난 시어들로 귀결되고 있는 시이다.

찰나를 지나는 순간은
오래 기억되지 않는다

아무리 심오한 순간이라도
인연과 관계를 벗어난
세상의 허구 많은 일들
그것은 영상의 필름처럼 곧 잊혀진다

그러나
피로 살로 이룩된 정성은
아주 사소한 소통이라도
화인처럼 남는다

어린 시절 배앓이 할 때
단박에 낫게 하던
어머니의 약손처럼

———「깊이 들여다보기」 전문

우리의 전통적인 유가풍의 혈연에 관한 회고적인 이 시는, 모성에 대한 예찬론과 관습과 인습에 유래한 피붙이 살붙이의 관계를 적나라하게 조명하고 있다.

1, 2연을 현재와 삶의 관계를 지속적인 의미로 명징지었다면, 3, 4연은 피와 살붙이의 관계설정으로 시너지synergy 효과도 함께 가미한 시로 한국적인 정서가 물씬한 상징성의 시이다. 정감미를 북돋우는 표현미가 주정적인 역할을 하고 있어 단순한 감정이나 단조로운 의미를 넘어 모정의 관계를 생동감 있게 정서순화로 여과하는 특징성을 보여주는 시로, 정신적인 뿌리의 깊이에 내재된 근거를 간결문체로 대비시킨 시인의 정서가 놀랍다.

〈어린 시절 배앓이 할 때/ 단박에 낫게 하던/ 어머니의 약손처럼〉이, 이상 더 응집력을 가진 혈연의 관계를 묘사한 싯귀가 어디에 있겠는가.

이미지의 발생과 과정을 전진시키는 마력은 시인의 꾸준한 자기 통찰력에서 나온 순수한 심성의 발아라 할 것이다.

삶이란 서로 이야기하다 보면
엇비슷해서 이내 친구가 됩니다

삶이란 나누다 보면
서로가 조금은 가벼워집니다

삶이란 길을 함께 찾다 보면
서로가 서로의 스승이 됩니다

내 안에 언제나
그림자처럼 깃든 삶
오늘도 초록의 꿈을 심어봅니다

———「삶」 전문

수미상관의 형식을 가지는 이 시는, 시의 기법과 기교를 모두 가늠한다 해도 결코 평범한 시로 보아서는 안된다. '다'로 끝나는 각운이 가지는 종결 어미가 시의 의미적 효용가치를 가지는 각기 별개의 연으로 구성되어 있기 때문이다. 명상적으로 바라본 내용적 묘사가 서로 다르면서도 일체로 가는 과정을 관념적으로 바라본 시로 잠언적인 시로 분류되겠다.

우리 인간의 본질은 어차피 이해하고 협조하며 사랑하고 용서하며 더불어 함께 공존하는 한 생애를 살아가는 것이 아닐까. 어차피 서로 친구가 되어 동화되어가며 믿음과 신뢰를 쌓고 서로의 존재를 인정하다 보면 서로를 이해하게 되고, 서로를 존중 존경하게 되는 서로의 스승이 되는 것은 명약관화한 사실적 의미가 아닌가. 그리고 생을 다하는 날까지 언제나 갖고 있는 마음, 즉, 희망과 비약과 꿈을 가지며 살아가는 것이 우리가 바라고 소원하며 기리는 삶일 것이다.

모두가 가지는 이상형의 소재를 깊이있게 수사 묘사한 각운이 비범하다. 즉, 마음의 뿌리인 정서와 자아를 삶의 표준에 콘텐츠contents를 맞춘 것이 이 시를 더욱 빛나게 하고 있다.

양지와 음지는
서로의 현재이면서도
과거이기도 하다

긍정적이면서도 부정적인
지난날을 서로 추억하며
언제나 바뀌는 평행선

서로의 하나요
하나가 서로인 것을
언제나 위기처럼 늘 함께 하기다

종이의 앞뒷면처럼

———「양지와 음지」 전문

4연 10행의 이 시는 비교론적인 존재감을 관찰한 시이다. 아시다시피 빛과 그림자는 양면성을 가지면서도 늘 상극관계를 지닌다. 때와 장소에 따라 서로의 필요하고도 긴요한 순간을 가짐으로써 세상을 사는 필요한 존재로서의 가치를 지니는 것이다.

서로의 상극관계를 가지면서도 어쩌면 조물주가 만들어 놓은 동반자 관계인 것이다. 우리의 삶도 양지와 음지, 즉, 빛과 그림자가 주는 그 실체의 순간에서 역사가 이루어지는 것이다. 요소마다 투영되는 양지와 음지는 여기서는 사실적 실체가 아닌 삶과 인생이 갖는 갖가지 유행과 모양의 존재론과의 의미를 의인화personification로 대비시킨 환유법을 도입하고 있다.

다시 말하자면, 음지의 원형의 본질은 암울한 경험적 소산이기도 하지만 정신 속에 뿌리 깊이 내재된 자아의 반추이기도 한 것이다. 어떤 희망적인 일체성을 지니지 못하는 평행선을 인생과 삶에 비유하고 있다.

4연의 결구인 '종이의 앞뒷면처럼' 은 참으로 빼어난 절귀이다. 종이의 뒷면을 우리가 전혀 모르는 것처럼 빛과 그림자를 절제된 시어로 정평의 기울기처럼 확신할 수 없는 사실적 의미를 삶과 인생을 은유한 점은 가히 눈부시다.

김명희 시인은 우리의 삶이 가지는 보편적인 정서를 소박하고도 꾸밈없는 시어들을 동원하여 자신의 개성을 접목시키고 있다. 난해한 시어들을 배재하고서도 신선미를 가지는 보통적인 시어들을 창출하는 능력과 깊은 사안들을 통찰하는 예지가 참으로 놀랍다.

이는 그의 폭넓은 이해력과 세상을 순수하게 바라보는 지고한 맑음일 것이다. 하나의 명상적 시로 유화되어 탁월한 심미안으로 순화된 결과이기도 한 것이다. 앞으로 더욱 정진하여 좋은 서정시의 독창적인 작가로의 면모를 보여줄 것이라 믿는다.

두손푸름시인선57

나를 찾기 위한 기도

인쇄일 | 2013년 9월 25일
발행일 | 2013년 10월 2일
지은이 | 김명희
펴낸이 | 최장락
펴낸곳 | 도서출판 두손컴
주 소 | 부산광역시 부산진구 부전로 35. 301호(부전동, 삼성빌딩)
전화 : (051)805-8002 팩스 : (051)805-8045
이메일 : doosoncomm@daum.net
출판등록 제329-1997-13호

값 10,000원

ISBN 978-89-97083-73-2 03810

「이 도서의 국립중앙도서관 출판시도서목록(CIP)은 서지정보유통지원시스템 홈페이지(http://seoji.nl.go.kr)와 국가자료공동목록시스템(http://www.nl.go.kr/kolisnet)에서 이용하실 수 있습니다.(CIP제어번호: CIP2013018710)」